Inneneinrichtung für Einsteiger

Mit einer stilvollen und durchdachten Einrichtung zu einem gemütlichen Zuhause

inkl. Einrichtungstipps und individuellen Wohnideen für garantierte Wohlfühleffekte

Antje Martens

FSC
www.fsc.org
MIX
Papier aus ver-
antwortungsvollen
Quellen
Paper from
responsible sources
FSC® C105338

INHALT

Das erwartet Sie in diesem Buch

Sie kennen das – ein neues Haus, ein Apartment oder ein neues Zimmer – immer sind dort diese vier kargen Wände und sie schreien geradezu nach Ihrer Aufmerksamkeit.

Ein Haus ist schließlich mehr als nur vier Wände. Es ist ein Zuhause – der Ort, an dem Sie Ihre erste WG gründen, Zweisamkeit mit dem Partner genießen oder sogar Ihre Kinder großziehen. Was und wo auch immer Ihr Zuhause ist – Sie verdienen es, sich dort wohl zu fühlen. Und das geht nicht ohne Einrichtungskonzept: Wie Sie aus nur wenigen

Paletten ein Bett, einen Schreibtisch zum Ort Ihrer Kreativität und Ihres Erfolges und ein Schlafzimmer zu einem mediterranen Rückzugsort in der heißen Sonne der Provence machen, können Sie mit ein wenig Hilfe lernen. Wir zeigen Ihnen, wie es geht.

Fällt es Ihnen schwer, Ihre eigenen vier Wände einzurichten? Sie können sich nicht für ein bestimmtes Raumkonzept entscheiden? Und Sie wissen nicht, wie man einer Inneneinrichtung einen ausgefallenen Look verpassen kann, der sich von anderen abhebt? Dann sind Sie hier genau richtig.

Sie haben sich sicherlich bereits mit einigen Prospekten und Einrichtungsseiten, auf der Suche nach Inspirationen, auseinandergesetzt, doch das Richtige war noch nicht dabei. Seien Sie unbesorgt, es fällt vielen schwer, sich nach einem bestimmten Stil einzurichten und sich dabei gleichzeitig selbst treu zu bleiben. Doch mit diesen simplen Tricks glückt jedem Einsteiger eine durchdachte Inneneinrichtung, der Sie dann nur noch einen Feinschliff, durch das Ergänzen Ihrer eigenen persönlichen Note, verleihen müssen.

Dazu dient Ihnen nun die „Schritt für Schritt-Anweisung" dieses Buches. Werden Sie vom Laien zum „Roomhero" und machen Sie aus Ihren Räumen ein Zuhause. Mehr über den Retrotrend der Gegenwart, eine grundständige Raumplanung, verschiedene Einrichtungsstile, die richtige Wahl der Farbe und einfache DIY-Hacks finden Sie auf den nächsten Seiten. Vorsicht Nebenwirkungen: Wohlfühleffekte und Stilbewusstsein sind hier gratis dabei!

Gefühl für den Raum entwickeln

EIN RAUMKONZEPT ERSTELLEN – WAS BEDEUTET DAS ÜBERHAUPT?

Viele mögen sich selbst gern als Hobbyarchitekten bezeichnen, doch in Wahrheit sind sie hilflose Laien – kein Problem. Um einen Raum gelungen einzurichten, braucht es weder ein Studium der Innenarchitektur noch allgemeines Hintergrundwissen. Sie benötigen lediglich ein wenig Inspiration, Mut und eine Prise Magie. Und seien Sie unbesorgt, denn die Magie, um Ihr Haus in ein Zuhause zu verzaubern, tragen Sie bereits in sich! Also müssen Sie nur noch Mut zum Ausprobieren, zum Hinfallen und Wiederaufstehen

mitbringen und sich ein wenig um die Inspiration kümmern. Denn diese kommt nicht ohne Weiteres auf Sie zugeflogen.

Ein Raumkonzept ist hierbei hilfreich. Das Konzept kann im engeren Sinne eine Skizze, ein Plan Ihrer Möbel ein Moodboard oder eine Collage sein, wozu Sie später noch mehr erfahren. Im weiteren Sinne meint ein Raumkonzept aber in erster Linie, ein Gefühl für Ihren Raum zu entwickeln. Nein, Sie müssen jetzt nicht mit den Händen über den Putz fahren, die Finger an den Fensterrahmen entlangstreichen und mit dem Ohr auf dem Boden den Heizungsrohren lauschen. Aber halten Sie ruhig einen Moment inne und fragen sich, welches Gefühl Sie jedes Mal beim Betreten dieses Raumes empfinden möchten. Erfassen Sie es mit all seinen Facetten. Freude ist nicht gleich Freude, es kann Gemütlichkeit oder Frische bedeuten, Ordnung oder liebevolles Chaos, ruhiger Minimalismus oder Eigenleben eines jeden Möbelstücks. Nun richten Sie jede Ihrer Entscheidungen bezüglich des Raumes auf dieses Gefühl hin aus – und schon haben Sie die Basis Ihres Raumkonzeptes geschaffen.

Achtung bei den nächsten Schritten! Die erste

Stolperfalle liegt dort, wo Sie es vermutlich am wenigsten erwartet hätten: im Möbelhaus selbst. Die Ausstellungstücke sind nicht nur für die unterschiedlichsten Verwendungszwecke, sie sind auch stilistisch wild gemixt. Haben Sie sich schon einmal gefragt, woher das erdrückende Gefühl kommt, nachdem Sie ein Möbelhaus verlassen haben? Die vielen Eindrücke verwirren Ihr Vorstellungsvermögen und Ihre Orientierungsfähigkeit. Ihnen gefallen die verschiedensten Farben und Dekorationen, aber passen sie auch? Und plötzlich sind Sie sich überhaupt nicht mehr sicher, welcher Stil zu Ihnen passt, Sie mögen ja eigentlich alle – irgendwie. Möbelhäuser sind exzellente und unvermeidliche Inspirationsquellen – werden Sie sich aber zunächst über die folgenden Grundlagen klar:

1. Raumnutzung?
2. Aufteilung und Möbel?
3. Grundfarbe vs. Akzentfarbe?

RAUMWIRKUNG DURCH FARBEN UND STRUKTURELLE AUFTEILUNG

Wofür wird der Raum überhaupt genutzt?

Umgehen Sie also die erste Stolperfalle und stellen Sie sich, bevor Sie sich auf die Prospekte von Möbelhäusern stürzen, erst einmal die Frage, wofür Sie den Raum nutzen wollen. Sie sollten sich möglichst früh im Klaren sein, dass alles Weitere, wie Farbauswahl, Möbel, und auch Dekoration, vor allem von der Funktion des Raumes abhängt. Bevor Sie also die Wände in einem Babyblau anstreichen und Kindermöbel aufbauen und sich dann doch dafür entscheiden, dieses Zimmer eher in ein Büro zu verwandeln, lassen Sie Ihre Fantasie spielen. Soll dort unter dem Fenster ein Schreibtisch oder doch eher eine Wickelkommode stehen? Wäre hier überhaupt genug Platz für ein etwas größeres Bett, oder doch eher für ein kleines Bücherregal? Gehen Sie alle Möglichkeiten durch und lassen Sie vor allem Ihre Vorstellungskraft spielen. Oftmals ist aber auch beim ersten Betreten des Raumes klar, wozu man diesen nutzen möchte. Dann ist das Bauchgefühl meistens die beste Entscheidungshilfe.

Das Erstellen einer Liste von Assoziationen

kann aber ebenfalls sehr hilfreich sein. Notieren Sie erste Einfälle, um sie nicht zu vergessen. Auf Worte folgen dann Taten. Los geht's!

Wenn Sie bereits Mobiliar zur Verfügung haben, empfiehlt es sich, Maße zu nehmen. Dabei kann man schnell sehen, ob und wie sich das Zimmer mit den vorhandenen Möbeln einrichten lässt. Skizzen können bei diesem Schritt ebenfalls eine Unterstützung sein, wenn man seine Fantasie hierbei überstrapaziert. Als ein Beispiel könnten folgende Überlegungen dienen: Es stehen zwei Räume zur Auswahl, die als Büro und als Kleiderschrank fungieren sollen. Ein Raum mit vielen Fenstern bietet viel natürliches Licht, aber weniger Platz für große Möbelstücke, wie Schränke. Im Gegensatz dazu ist ein Raum mit weniger Fenstern optimal geeignet, um als Garderobe genutzt zu werden. Das lichtdurchflutete Zimmer mit den vielen Fenstern lässt sich also gut zu einem Arbeitszimmer umfunktionieren. Dabei ist es ratsam, den Schreibtisch entgegen der Fenster zu stellen, damit man sich selbst nicht im Licht sitzt. Sie sehen also: Die Beschaffenheit des Raumes hat ebenfalls eine große Priorität und darf bei der

Planung Ihres Interieurs nicht außer Acht gelassen werden.

Raumwirkung durch die Aufteilung der Möbel

Sie sollten sich nun darüber bewusst geworden sein, welche Nutzung für den Raum geplant ist. Gleichzeitig haben Sie sicher die direkte Abhängigkeit bemerkt im Zusammenspiel von Beschaffenheit und Verwendungszweck der Möbel. Schränke erfordern viel Platz, Schreibtische brauchen Licht und so weiter.

Nun erwartet Sie bereits der nächste Schritt, der eine immens hohe Wichtigkeit besitzt und die Wirkung des Raumes stark beeinflussen kann. Wohl bemerkt: Wir befinden uns nur in der Planungsphase! Selbstverständlich können Sie nicht die Möbel platzieren, ohne die Wände gestrichen zu haben. Doch die Erfahrung beweist: Hier ist Umdenken gefragt, und zwar wortwörtlich. Sie wollen eine starke Wandfarbe, dann stellen Sie den Schreibtisch vor dem Streichen noch nicht davor. Sie wollen eine partielle Wandbemalung, einen Streifen oder womöglich ein richtiges Wandbild? Dann muss der große Schrank an eine andere Wand. Stellen Sie sich also zuerst vor, wo verschiedene Möbel platziert werden können und was als Nächstes im Raum geschehen soll.

Welche Möbel besitzen Sie schon? Welche wollen Sie auf jeden Fall hinzukaufen? Gibt es besondere Situationen oder Gegebenheiten in Ihrem Raum, die das Hinstellen bestimmter Möbel verhindern oder ermöglichen? Eine Schräge beispielsweise verlangt besondere Beachtung, da dort nicht jedes Möbelstück drunter passt, ein Erker oder eine Gaube wiederum schreien geradezu nach einer gemütlichen Sitzgelegenheit zum Träumen und Prokrastinieren. Ist die Wand hinter dem Bett stabil genug, um ein Bücherregal zu halten? Kann man die Lampe hier überhaupt anbringen? Ist neben meinem Schreibtisch eine Steckdose? Vergessen Sie nicht die technische Einrichtung Ihres Raumes gründlich zu studieren. Sehen Sie sich an, wo sich Steckdosen befinden, wo man ein Satellitenkabel anbringen kann, sofern Sie einen Fernseher haben, und wo Lampenanschlüsse sind. Das sind die ersten und unabänderlichen Ansatzpunkte für Ihre Einrichtung. Schließlich wissen Architekten und Designer schon seit dem 19 Jahrhundert sicher: „form follows function". Oder: Erst über die

Funktion nachdenken, dann die Form anpassen. Dies gilt nicht nur für den Raum im Allgemeinen, sondern auch für jedes seiner Details.

Des Weiteren sollten Sie die Größe des Raumes einschätzen lernen. Zu viele Möbel in einem kleinen Raum können erdrückend wirken, zu wenig Möbel in einem großen Raum können karg aussehen. Wie immer ist es ein schmaler Grat vom kuscheligen Landhaus oder Vintage zum vollgestellten Chaos oder vom minimalistischen Skandinavien-Look zur trostlosen Einöde. Aber kombiniert mit den Fixpunkten in Ihrem Raum, welche wir oben bereits festgelegt haben, werden Sie mit Sicherheit ein passendes Konzept für Ihr Zimmer finden. Kommt das Bett an die rechte oder linke Zimmerwand? Möchten Sie den Raum möglichst geräumig gestalten, empfiehlt es sich, große Möbelstücke an einer Wand und nicht mittig in den Raum zu platzieren. Somit liegt der Blick des Betrachters nämlich frei und man schafft auf diese Weise eine freundlichere Raumatmosphäre. Manchmal kann es aber auch hilfreich sein, Regale im Raum zu platzieren. Zusätzlich erleichtert eine grobe Raumaufteilung die darauffolgende Entscheidung über die Wahl der Inneneinrichtung. Einen Raum sollte man durchdacht einrichteten, das heißt, dass der Raum optimal und sinnvoll genutzt werden sollte.

Als kleine Unterstützung kann hierbei das Heranziehen Ihrer Notizen aus dem Schritt „Wofür wird der Raum genutzt" dienen. Durch die bisherigen Skizzen und die Wandfarbe wird einem die Entscheidung für das richtige Möbelstück vereinfacht. Es sollte erstens im Einklang zur Farbwahl stehen und zweitens sinnvoll platziert werden. Wie bereits erwähnt, macht die Raumaufteilung in der Wirkung sehr viel aus. Ein kleiner Tipp: Durch eine offene und minimalistische Einrichtung wirkt ein etwas kleinerer Raum sehr offen und größer als er eigentlich ist.

Seien Sie kreativ und brechen Sie alte Muster! Das Bett muss nicht in der Ecke des Raumes stehen und ein Regal darf auch mal mitten im Raum thronen. Gerade Letzteres ist eine großartige Möglichkeit, Struktur in einen großen Raum zu bringen und bestimmte Alltagsbereiche nicht nur gedanklich, sondern auch visuell voneinander zu trennen. Eine Trennung des Arbeitsbereiches vom

Freizeitbereich kann sich beispielsweise positiv auf ihre Produktivität auswirken.

Sonnenschein oder Regenwetter – Die Macht der Farbauswahl

Jetzt aber mal zurück zur Farbauswahl: Seien Sie sich bewusst, dass die Farbauswahl direkt auf die Raumatmosphäre und damit auf Sie einwirkt. Das bedeutet, bevor Sie einen Farbton finden, finden Sie sich selbst! Ein wahrhaft schwieriger Auftrag. Es bietet sich an, im Internet oder in Prospekten nach fertigen Räumen zu suchen, um ein Gefühl dafür zu bekommen, welche Farbkombination Ihnen in Verbindung mit welcher Raumgestaltung gut gefällt. Mögen Sie die Leichtigkeit des Sommers oder die Gemütlichkeit des Winters? Können Sie mit Pflanzen umgehen oder gehen Ihnen diese ein? Ihre Lieblingsbilder, welche Farben haben diese?

Und analog können Sie sich nun fragen: Sind Sie ein Freund von warmen oder kalten Farben? Mögen Sie den Holzlook oder tendieren Sie zur metallischen Atmosphäre? Welche Farben haben Ihre Möbel? Tendieren Sie beispielsweise zu einer schlichten und einheitlichen Einrichtung, so bietet es sich an, zu starken Farben zu greifen. Damit kann man einen schönen Kontrast zwischen Möbeln und Wand herbeiführen. Sind Sie aber ein Fan der verschiedensten Stoffmuster und Dekorationsartikel, sind weniger Farbakzente an den Wänden die bessere Wahl, damit es nicht zu unruhig wirkt. Jedoch hängt dies natürlich immer vom Geschmack ab.

Wie Sie sicherlich schon einmal gehört haben, lässt sich unser Unterbewusstsein stark von Farben lenken. Die Farbpalette ist sehr breit gefächert, aber die drei Grundfarben Rot, Blau und Gelb wecken am stärksten bestimmte Gefühle im Menschen und rufen am häufigsten bestimmte Stimmungen hervor. Gelbe Wände lenken die Blicke auf sich und bewirken durch ihren grellen Schein das Schärfen des Gedächtnisses. Das Einsetzen von Gelb kann sich im Büro demnach positiv auf Leistung und Kreativität auswirken. Die dominante Farbe Rot hinterlässt regelrecht Spuren im Gedächtnis des Menschen. Sie kann einerseits für Energie und Leidenschaft stehen, anderseits aber auch mit Negativem in Verbindung gebracht werden, denn sie steht ebenfalls für Kraft und Gewalt. Rot soll aber zusätzlich die Wirkung besitzen, den Appetit anregen zu können. Es wäre also eine Idee, eine Wand im Essbereich rot zu streichen. Die letzte Farbe ist bekannt für ihre beruhigende und entspannende Wirkung, wobei der Mensch seine Seele baumeln lassen kann. Man begegnet Blau oft im Spa und in den Badezimmern der Welt. Aber auch im Büro wird sie gern gesehen, da diese erfrischende Farbe nicht nur Entspannung, sondern auch eine Fokussierung erzielen kann.

Diese Farben gelten als Orientierung, natürlich streichen wir unsere Wände längst nicht mehr gelb, rot oder blau. Aber ihrer Wirkung bewusst können wir Abstufungen in den wildesten Facetten wählen: Ein schönes Bordeaux im Essbereich harmoniert mit dem Rotwein und dem Steak medium rare, ein frisches Zitronengelb in Kombination mit dunkelgrünem Samt begrüßt die ersten Sonnenstrahlen eines neuen Tages und das Petrolblau nimmt einen mit an die Küste und weht eine sanfte Brise frischer Meeresluft heran.

Gemischt ergeben sich aber natürlich noch unzählig viele weitere Farben: Grün ist beispielsweise eine sehr harmonische Farbe und assoziiert beim Betrachter das Gefühl von

Verbundenheit mit der Natur und erzeugt gleichzeitig Harmonie. Eine grüne Wandfarbe lässt sich in vielen Räumen einsetzen.

Sie sehen also, dass die Farbwahl, neben der Wahl der Möbel und der Dekoration, einen starken Einfluss auf die Atmosphäre und das Wohlbefinden hat.

Zuletzt sollten Sie sich noch einer wichtigen Unterscheidung bewusst werden: Es gibt Grundfarben und Akzentfarben. Streichen Sie die Wände in einer bestimmten Farbe, so lässt sich hier von einer Grundfarbe sprechen. Grundfarben können aber auch durch entsprechend farbliche Möbel oder Dekorationen vorhanden sein, die sich charakteristisch in der Überzahl befinden. Wenn Sie also hauptsächlich rote Teppiche, tropische Möbel und bordeauxfarbene Wände haben, ist Ihre Grundfarbe rot und warm. Hierzu lässt sich beispielsweise Grün oder Gelb passend als Akzentfarbe dekorieren. Akzentfarben setzen Sie durch Einzelstücke, wie Kissen, Decken, Vasen, Pflanzen oder andere Dekorationen. Aber auch das Anstreichen einer Wand oder sogar nur eines Abschnittes einer Wand bietet eine schöne

Oberfläche für eine Akzentfarbe. Sie können auch ganz auf eine Grundfarbe verzichten, die Wände beispielsweise weiß lassen und Möbel in den Farben Weiß, Schwarz oder aus Holz verwenden und schließlich nur Akzente setzen.

SKIZZEN, ANIMATIONEN, MOODBOARDS, COLLAGEN UND CO.

Sie nehmen sich also Ihre Skizze zur Hand, einen Grundrissplan oder – wenn Sie etwas mehr Aufwand aufbringen wollen – sogar ein Planungsprogramm. Letzteres kann man zahlreich auch kostenlos in unterschiedlicher Qualität erwerben. Je besser das Programm, umso mehr Geduld müssen Sie allerdings mitbringen, um sich einzulesen und das Programm zu verstehen. Am Ende lohnt es sich aber!

Des Weiteren helfen sogenannte Moodboards bei der Farbauswahl. Es handelt sich hierbei um eine Kreativsammlung, die sie ganz nach Ihrem Ermessen und Willen auf einer weißen Unterlage gestalten. Sammeln Sie Materialien jeglicher Art in allen Farben und Mustern, die Ihnen gefallen und ordnen Sie diese auf der Unterlage an. Sie sehen dann sehr gut, welche Farben wie miteinander harmonieren und besonders auch, dass Farben auf unterschiedlichen Materialien sehr verschieden wirken und aussehen. Nun können Sie das Board nach Belieben anordnen und umändern bis sie eine Farbkombination erhalten, die Ihnen am besten gefällt und der gewünschten Atmosphäre entspricht.

Eine ähnliche Methode wäre das Erstellen einer Collage. Sie können hier sowohl mit Farben experimentieren als auch inspirierende Bilder eines Stils zusammen anordnen. Gehen Sie Magazine durch, schneiden Sie aus und lassen Sie sich bei der Gestaltung stets von Ihrem Bauchgefühl leiten. Bastelfreunde werden hierbei auch noch sehr viel Freude haben.

Ihre konkrete Umsetzung

Betreten Sie nun einmal in Gedanken Ihren Raum. Wie sieht die Konzeption aus? Haben Sie ein Gefühl für passende Farben entwickelt? Können Sie sich nun vorstellen, wo welches Möbelstück stehen soll? Mit Sicherheit wird sich daran noch vieles ändern, wenn Sie erst einmal zum nächsten Schritt übergegangen sind. Sollten Sie sich allerdings noch nicht sicher fühlen und keine klare Vorstellung über die Konzeption Ihres Raumes haben, gehen Sie ruhig nochmal in sich und blättern einige Seiten zurück. Seien Sie geduldig mit sich selbst! Inspiration kommt nicht von heute auf morgen und glauben Sie mir – die Zeit lohnt sich - Sie sparen einiges an Kosten!

FENG-SHUI

Sie haben sicherlich schon einmal etwas von dieser merkwürdig klingenden Einrichtungsart gehört. Feng-Shui ist eine mehr als 300 Jahre alte aus China stammende Wissenschaft. Sie beschäftigt sich mit dem Einfluss der Umwelt auf den Menschen und wie man diesen bewusst steuern und positiv beeinflussen kann. Es ist die Wissenschaft des „guten Wohnens". Ein Mensch kann laut Feng-Shui durch unterschiedliche Raumkonzeptionen auch unterschiedlich gelenkt werden. Die Hauptaufgabe besteht darin, dem Menschen ein Gleichgewicht zu schaffen. Daher wird Feng-Shui auch als Harmonielehre angesehen. Das Wort Feng-Shui selbst bedeutet so viel wie Wasser und Wind. Dies deutet bereits auf eine Verbindung zur Natur hin. Tatsächlich spielt die Naturverbundenheit, durch den Einsatz der Elemente Wasser, Luft, Licht und Erde, eine immens große Rolle. Äußere

Energiequellen sollen genutzt werden, um die innere Energie zu aktualisieren.

Die für Europäer noch weitestgehend fremde Wissenschaft verspricht ein glücklicheres, erfolgreicheres Leben durch Harmonie. Dies soll zu einer verbesserten Lebensqualität führen. Ist das Feng-Shui in einer Wohnung oder einem Haus im Ungleichgewicht, spiegelt sich das beim Menschen durch Unwohlsein wider, was letztendlich sogar zu Misserfolgen im privaten und beruflichen Leben führen kann. Nun stellen Sie sich wahrscheinlich die Frage: „Wie fabriziert man Feng-Shui und wie lässt es sich mit der Einrichtung kombinieren?" Die erste Regel des Feng-Shui lautet: Halte Ordnung! Dabei ist auch das Ausmisten von altem und überschüssigem Krempel gemeint. Alles, was nicht notwendig ist und regelmäßig gebraucht wird, ist überflüssig und führt zur Belastung. Also befreien Sie sich und Ihre Seele und sortieren Sie aus. Aber nicht nur die äußere, sondern auch die innere Ordnung sollte gefördert werden. Damit sind beispielsweise die Trennungen verschiedener Lebensbereiche, wie Wohnzimmer und Homeoffice, gemeint. Trennt man diese sichtbar, so trennen sich zugleich die Raumnutzung und die Mentalität. Dies ist sehr wichtig, denn man besitzt eine andere Mentalität im Wohnbereich, in welchem man sich ausruht, seine Seele baumeln lässt und Hobbys nachgeht als am Schreibtisch, an dem Leistung und Konzentration gefragt sind.

Verschiedene Lichtquellen ermöglichen die Ausdehnung des Chi, auch kosmischer Atem genannt. Vermeiden Sie dunkle Räume und lassen Sie den Raum regelrecht von Licht durchfluten. Unser Chi sollte zudem nicht durch Möbel, die unpassend mittig im Raum platziert werden, oder zugestellte Türen blockiert werden. Also gestalten Sie den Raum möglichst frei und durchdacht, lassen Sie die Türen geöffnet und ziehen Sie die Gardinen beiseite. Auf diese Weise kann der Fluss der Lebensenergie durch die Zimmer strömen und einen positiven Einfluss auf die Bewohner und Besucher, in Form von persönlichem Wohlbefinden, nehmen. Sie werden sehen: Ihre vier Wände werden strahlen.

Nun noch einmal zurück zum Punkt der Einbeziehung der Elemente. Neben dem Licht bietet es sich an, das Fließen durch die Räume zusätzlich mit dem Wasser ähnlichen Elementen und Dekorationen zu betonen. Seidig fließende

Vorhänge, gewellte Stoffe und die Farbe Blau können hierbei herangezogen werden. Wenn Sie aber einen starken Anteil Chi einbringen wollen, können Sie zum Beispiel auch ein Wasserspiel oder andere Wasserelemente einbauen. Nun zum dritten und letzten wichtigen Element des Feng-Shui: die Erde. Eine Verbindung zur Erde bedeutet eine stärkende und erdende Kraft. Diese Kraft lässt sich sehr gut aus Pflanzen ziehen. Jedoch sollte darauf geachtet werden, dass man „tote", also getrocknete, Pflanzen umgeht. Der Fokus liegt ja auf der Kraft und auf dem Leben und diese Energie können nur frische Pflanzen ausstrahlen.

Die Formen der verschiedenen Möbelstücke sollten, vorzugsweise aus organischen Materialien bestehend, abgerundet sein, damit die Energie daran entlangfließen kann und nicht gestört wird. Ein weiterer Vorteil besteht in den individuellen Einsatzmöglichkeiten. Jeder kann für sich selbst entscheiden, ob und in welchem Maße man Feng-Shui betreiben möchte. Dies sieht man vor allem bei den Themen: Farbwahl, Auswahl der Wohnelemente, des Wohnstils und die Zusammensetzung verschiedener Materialien. Das

Dekorieren beim Feng-Shui sollte sehr minimal ausfallen, um den Raumfluss nicht zu stören. Je mehr der Raum vollgestellt ist, desto weniger fließt die Energie und desto weniger positive Auswirkungen hat dies auf den Bewohner. Also weg mit unnötigem Krimskrams!

Die Lehre des Feng-Shui mag zuerst fremd und esoterisch klingen, dennoch kann man, wie Sie gesehen haben, tatsächlich aus der Lehre des Einklangs mit den Elementen einiges auf die gelungene Zimmereinrichtung übertragen. Ein gewisses Grundgefühl findet man sowieso bei den meisten Menschen, weshalb die Lehre des Feng-Shui auch als kleine Erinnerung an die Achtsamkeit gegenüber der Natur, des Selbstgefühls und Energieflusses dienen kann. Hören und achten Sie auf sich selbst!

WELCHER STIL PASST ZU IHNEN?

Diese Schritte sind also getan. Im Anschluss folgt nun der Part, der Ihren Charakter, Ihre Persönlichkeit, Ihre Vorlieben und Interessen widerspiegeln soll. Es gibt etliche Stilrichtungen im

Bereich des Interieurs. Begonnen mit der modernen und kühlen Einrichtung weiter über den Industriallook bis hin zum Landhausstil. Ihnen sind dabei keine Grenzen gesetzt. Selbst Kombinationen aus verschiedenen Stilen sind möglich und hauchen Ihren vier Wänden das gewisse Etwas ein. Wichtig ist, dass Sie sich in dem Raum wohlfühlen, daher sollten Sie die Meinungen anderer hinter Ihrer anstellen. Als kleiner Anhaltspunkt werden hier typische Merkmale verschiedener Stile aufgeführt, um den starken Unterschied in der Wirkung dieser vor Augen zu führen.

Moderne Inneneinrichtung

Ein moderner Einrichtungsstil hat folgende Vorteile: Er ist unkompliziert und zugleich facettenreich. Er zeichnet sich durch eine sehr einheitliche Einrichtung aus, in welcher jedes Teil seinen Platz bekommt und zum Rest passt. Begonnen mit der Couch neben dem Schrank über den Teppich unter dem Couchtisch und die Farbe an der Wand bis hin zur Dekoration. Alle Stücke sind aufeinander abgestimmt und bilden eine Einheit. Durch die einheitliche Gestaltung lässt sich der Stil schnell mit ein paar Handgriffen in eine andere Richtung leiten und ergänzen. Möchte man beispielsweise aus einem vorherigen Look einen Industrialstyle hervorbringen, genügen eine Hand voll Änderungen.

Es gibt viele verschiedene moderne Wohnstile, die sich sehr facettenreich voneinander abgrenzen. Es zählen neben dem nachhaltigen Stil beispielsweise auch der Industriallook, der Scandinavian Style, der Retrolook und der minimalistische Wohnstil dazu. Der Look, der hier nun vorgestellt wird, zeichnet sich aber durch Luxus und Glamour aus. Damit glamouröse Luxusartikel vordergründig wirken können, sollte der Rest des Raumes sehr schlicht und in einheitlichen Farben gehalten werden. Entscheiden Sie sich erst einmal, ob Sie verschiedene Schwarz- und Grautöne oder Weißtöne in Ihrer Inneneinrichtung bevorzugen. Möglich ist natürlich auch, Schwarz und Weiß miteinander zu kombinieren, was die Einheit jedoch schon sehr kontrastreich und zerpflückt wahrnehmen lässt. Greifen Sie außerdem noch zu Glasobjekten, denn sie sind architektonisch ein sehr wirksames Material, das zudem eine ästhetische und frische Wirkung auf den Raum ausüben kann.

Haben Sie sich einmal entschieden, sollten Sie

nun auch dabei bleiben. Anschließend stellt sich die Frage, worauf Sie das Augenmerk lenken wollen. Ist es eine große Vase, ein prachtvolles Bild eines Künstlers, ein Ornament oder ein anderes Kunstobjekt? Wichtig ist, dass sich dieses farblich vom Rest des Interieurs abhebt. Somit wird ein starker Kontrast erzeugt und der Fokus darauf gerichtet. Bei einer hellen Couch in Elfenbein, die vor einer weißen Wand steht, können bestickte Kissen im orientalischen Look oder ein großes Bild dahinter das Zimmer zieren. Grelle Farbkleckse aus Neonfarben machen die Schlichtheit durch ihre bloße Anwesenheit wett und lassen den Raum strahlen. Bestenfalls richten Sie sich nicht mit herkömmlichen Möbeln aus großen Möbelkonzernen ein, sondern greifen für einzigartige Luxusartikel auch mal etwas tiefer in die Tasche. Hierbei bieten sich Möbelmessen sehr gut an. Akzente können auch, durch eine farbige Wand oder durch warme bzw. kalte Lichtakzente oder durch das Einbringen von Accessoires in Silber bzw. Gold, gesetzt werden. Deckenleuchten, einzigartige Teppiche und hochwertige Materialien gehören quasi zu einer modernen Einrichtung und lassen sich daher in fast jeder modernen Wohnung finden. Ebenso sind Pflanzen in den verschiedensten Formen sehr beliebt, bringen etwas Leben in den Raum und verwandeln eine kleine Großstadtwohnung in einen eindrucksvollen Urban-Jungle.

Eines haben moderne Räume immer gemeinsam: Sie sind hell und lichtdurchflutet. Ob große Fenster, helle Farben oder bestimmte Beleuchtungskonzepte - sie bringen einen frischen Hauch von Schönheit und Klasse mit ein.

Industrialstyle

Wie der Name sicherlich bereits vermuten lässt, ist diese Art von Inneneinrichtung an die britische Industrialisierung zu Ende des 19. und Beginn des 20. Jahrhunderts angelehnt und repräsentiert das Interieur der damaligen Fabrikbauten, in welchen die industrielle Bausubstanz erhalten blieb. Der Look besticht durch seine Ursprünglichkeit und Andersartigkeit. Was damit gemeint ist, werden Sie später noch erfahren.

Nun aber zu der Frage: „Was macht den Stil aus?" Hier eine knappe Antwort: starke Gegensätze. Kontraste geben den Ton an und sind sehr beliebt bei diesem populären Einrichtungsstil. Wenn man sich in einem Apartment befindet, das im Industrialstyle aufgebaut und dekoriert ist, befindet man sich regelrecht zwischen alt und neu, also zwischen damals und heute. Neben der kontrastreichen Einrichtung hat dieser Look auch noch ein zusätzliches Hauptmerkmal, welches sich hinter den Materialien und deren Beschaffenheit verbirgt. Anstelle von einwandfreien Materialien und neuen Möbeln, legt man nämlich beim Industrialstyle Wert auf die Geschichte der Möbel. Von Dellen und Macken bis hin zu rostigen Stellen - jedes Stück erzählt seine eigene Geschichte und ist daher einzigartig und individuell.

Ein weiterer Kontrast lässt sich durch die Wahl der Materialien erzielen. Man greift beispielsweise viel lieber zu alten Holzplatten, denen man an Spuren und alten Rückständen ihre Jahre schon ansehen kann. Im Kontrast dazu zieren große, dunkle Leuchten und metallische Accessoires den Raum. Typisch sind kühle Materialien, wie beispielsweise Stahl. Kombiniert man diesen mit hellen Farben, erscheint der Raum ebenfalls viel freundlicher.

Der letzte Punkt, den man keineswegs unbeachtet lassen sollte, ist die Funktionalität der Möbel. Jedes Möbelstück besitzt seine eigene Funktion. Im industriellen Stil legt man Wert auf Funktionalität. Besitzt ein Möbelstück keine wirkliche Funktion und dient bloß als Zierde, so wird dieses überflüssig und man lässt es lieber aus.

Es sollte nun ziemlich klar sein, dass alte Materialien an die Zeit der Industrialisierung erinnern sollen. Das heißt, dass Sie die Finger weglassen sollten von modernen Möbelstücken, es sei denn, Sie wollen sie „alt machen". Dazu gibt es die verschiedensten Techniken, die Sie anwenden können. Ein grobes Abschleifen des Möbelstücks genügt meist schon. Ihre Räume im Industriallook werden an die Fabriken des frühen 20. Jahrhunderts erinnern, sollten aber nicht zu kühl wirken. Durch gezieltes Einsetzen von Holz und Farbakzenten kann dies bewirkt werden. Ihr Hauptaugenmerk sollte also auf Holz, Metall und den Farbakzenten liegen. Aber auch die Integration von Glasobjekten, durch Vasen, Vitrinen oder Bücherregale mit Glasplatten, ist im Industrialstyle gern gesehen und sorgt, neben dem abgenutzten Holz, für einen Hauch von Eleganz.

Glas ist zudem lichtdurchlässig, was einen dunklen Raum aufhellen kann und für ein wenig Glanz sorgt.

Betrachten wir jetzt noch den Aspekt der Farben. Sie haben oftmals einen gegensätzlichen Spieler, der für den begehrten Kontrast sorgen kann. So kombiniert man als Beispiel eine dunkle große Leuchte im industriellen Look mit sanften und lichtdurchlässigen Vorhängen. Auf diese Weise entsteht ein Zusammenspiel aus Kontrasten, das harte industrielle Materialien, die an Fabriken erinnern, mit gemütlichen und wohnlichen Accessoires verbindet. Dies macht den Raum kontrastreich und zugleich einheitlich, sodass letztendlich eine Synergie erzeugt wird. Eine gemütliche Atmosphäre wird erschaffen. Schwarze oder auch metallische Dekoration ergänzt den Look und wirkt zudem chic. Somit brechen Sie nicht erneut das Muster, sodass es für den Betrachter nicht allzu unruhig erscheint. Als eine weitere Möglichkeit bietet sich eine Wand an, die Sie unverputzt lassen. Die Ziegelstein- oder Mauerelemente findet man nur selten in Wohnungen und Häusern, obwohl sie ein absoluter Hingucker sind. Jedoch sollten die Möbel dann ein wenig kontrastärmer ausfallen, damit das Augenmerk auf der Wand liegt und die Möbel nicht von ihr ablenken. Im Falle einer rostbraunen Wand bieten sich rote, beige, orangefarbene, braune oder auch schwarze Stoffe an. Eine schwarze Ledercouch vor einer rostbraunen Ziegelwand, große Metallleuchten daneben und ein orangefarbener Teppich davor. Diese Vorstellung erzeugt ein kontrastreiches und zugleich sehr harmonisches Bild und ist daher ein perfektes Beispiel einer möglichen Einrichtungsoption Ihres Zimmers im begehrten Industriallook. Offene Glühbirnen, also Lampen ohne Lampenschirme, werden heutzutage in fast jedem Lampen- und Einrichtungshaus verkauft. Mit diesen ausgefallenen Lampen lassen sich Akzente auf der Kommode, über dem Esstisch oder dem Couchtisch zaubern. Dabei ist es aber von Vorteil, auf eine warme Farbe zu achten, damit man nicht direkt in ein grelles und unangenehmes Licht schaut.

Kreieren Sie mit diesen einfachen Tricks ein Fabrikhallen-Flair, in Kombination mit farbenfrohen Akzente n und Metall, das zu Ihrem Zuhause passt und lassen Sie sich in eine längst vergangene Zeit zurückversetzen.

Landhausstil

Woran denken Sie, wenn Sie an den Landhausstil denken? Sind es alte Kindheitserinnerungen, die Sie in der Vergangenheit schwelgen lassen, sodass Sie instinktiv Ihre Großeltern vor dem alten Kamin sitzen sehen oder sind es Erinnerungen an das Ferienhaus im Allgäu? Vielleicht sind es aber auch die Bilder aus Zeitschriften wie „Schöner Wohnen", die Sie früher begeistert angeschaut haben und dachten: „Ja, so will ich auch einmal wohnen."

Mit dem Wohnen im Landhausstil assoziiert man auf jeden Fall erst einmal eine gemütliche und wohlige Atmosphäre. Unbeschwertheit, wie in den eigenen Kindheitstagen, wird durch das verspielte Flair erzeugt. Durch den Einsatz überwiegend natürlicher Materialien, wie Holz, Stein oder Rattan, ist man der Natur auch im Inneren eines Hauses sehr nah und kann ihre Wirkung entspannender Ruhe nahezu spüren. Durch den Landhausstil kommt in Ihren vier Wänden eine ländliche Idylle auf. Charakteristisch sind ebenfalls Textilien, die durch Baumwolle, Leinen und Leder bestens vertreten werden.

Doch wie gelingt das Einrichten in diesem Stil am geschicktesten? Als ersten Schritt sollten Sie die Materialien aussuchen, die Sie gerne in Ihren Räumen einsetzen wollen. Ein grob abgeschliffener Holzboden und viele Wolldecken und Kissen sind ein absolutes Must-have für eine ländliche Inneneinrichtung. Nun ist viel Kreativität angesagt, um aus einfachen Sachen etwas ganz Besonderes zu machen. Einmachgläser können als Kerzenhalter oder Vasen fungieren, ein alter Esstisch kann zu einem Blumentisch umgebaut werden und ein Birkenstamm, an zwei Seilen befestigt, als Garderobe genutzt werden. Integrieren Sie möglichst viele Naturprodukte in Ihre Einrichtung. Ein weiterer Tipp ist ein Besuch auf einem Flohmarkt, vorzugsweise einem Bauernflohmarkt. Auf diesem lassen sich tolle Fundstücke für wenig Geld erwerben und so peppen Sie Ihren Raum individuell auf. Ein Ohrensessel darf in Ihrem Bestand ebenso wenig fehlen. In ihm lassen sich viele Winterabende mit heißer Schokolade oder dem Lesen dicker Bücher verbringen.

Ein Landhausstil hat natürlicherweise eine helle und freundliche Farbpalette, welche den Raum wohnlich macht. Bevorzugte Farben sind zum Beispiel Weiß, Beige, Rosa oder Grün. Durch das Experimentieren mit verschiedenen Stoffmustern wirkt der Raum zusätzlich verspielt und abseits aller Zwänge.

Mit viel Liebe zum Detail geht es nun mit der Dekoration weiter. Diese ist essentiell für den Landhauslook und hat eine große Auswirkung auf die Rauminterpretation durch den Betrachter. Landhausstil ist nämlich nicht gleich Landhausstil. Es gibt verschiedene Abstufungen, die sich mit der Wahl der Dekoration ganz individuell erzeugen lassen. Ein Landhausstil am Meer ist beispielsweise völlig anders als einer in Großbritannien. Während Letzterer typisch britische Knopfheftungen aufweist, besticht Ersterer durch sein maritimes Ambiente mithilfe von blauen Farbakzenten, Küstenbildern und Muschelfunden. Sie sehen in diesem Fall, dass die Dekoration und die Details viel hermachen und deshalb mit Bedacht ausgewählt werden sollten. Was man jedoch in fast jedem Landhaus findet, sind Pflanzen, denn diese spiegeln die Verbundenheit zur Natur wider und beleben den Raum durch ihre bloße Anwesenheit.

Obwohl man sich drinnen befindet, fühlt man sich wie unter freiem Himmel. Freesien, Rosen, Lavendel, Hortensien oder selbstgepflückte Wildblumen findet man häufig im Landhauslook. Rattankörbe können zur Holz- oder Deckenaufbewahrung dienen und zaubern ein natürliches Flair herbei. Was außerdem nicht fehlen darf, sind Shabby-Chic-Möbel, also Möbel mit Gebrauchsspuren, die entweder durch die Jahre entstanden sind oder auch künstlich hergestellt wurden.

Wenn Sie also ein Stück Land in Ihrer Stadtwohnung haben wollen, greifen Sie einfach zum Landhauslook und fühlen sich mit der Natur verbunden. Zaubern Sie sich ein wenig Natürlichkeit mit dem Country-Charme.

Boho

Boho steht für „Bohemien", eine intellektuelle Auflehnung gegen die Steifheit des Bürgertums. Ziel bei dieser Art von Bewegung ist ein Leben ohne strikte Konventionen. Vertreter forderten im 19. Jahrhundert einen lebensfrohen Alltag. Dieser Forderung verleiht auch der Einrichtungsstil Boho Ausdruck, der abseits von jeglichen Regeln seine Existenzberechtigung gefunden hat. Seine

Hochphase hatte dieser Style in der Hippie-Zeit, also in den 1960er und 1970er Jahren. Daher kennt man diesen Stil auch unter den Begriff „Hippie Chic". Boho ist also etwas für Freigeister und kreative Individuen, die fernab aller Zwänge leben möchten.

Dieser etwas andere Stil zeichnet sich durch eine Vielzahl verschiedenster Wohntextilien und die Integration des Ethnostils aus. Die typischen Farben des Bohos sind Erdtöne sowie generell schrille Töne. Durch ein Zusammenspiel dieser beiden Farbpaletten kreiert man eine farbenfrohe Inneneinrichtung. Worauf Sie aber achten sollten, dass nicht zu viele Farben miteinander kombiniert werden.

Beschränken Sie sich am besten auf maximal vier konträre Farben. Wenn der Raum bereits durch und durch bunt gestaltet ist, sollte man zu einer etwas zurückhaltenderen Dekoration greifen, die nicht allzu aufdringlich ist. Der Fokus liegt beim Boho nämlich klar auf dem Mobiliar. Stilmixe sind sehr gern gesehen und tragen zu einer sinnlichen und exotischen Wahrnehmung bei. Ein weiteres Merkmal ist der Einsatz weicher statt harter Formen. Genau wie beim Landhauslook werden hier gern natürliche Materialien und Pflanzen benutzt, weil sie das Wohlbefinden stärken sollen. Zudem sind Stilbrüche bestens geeignet, um einen Kontrast zu erzeugen. Neben einem sehr „clean" wirkenden Sofa können zum Beispiel Makramees in verschiedenen Farben aufgehängt werden und ein Teppich mit einem außergewöhnlichen Muster kann den Boden säumen.

Ein Zimmer im Bohostyle gibt also einen kleinen Einblick in eine andere Natur oder ein anderes Leben. Der gezielte Einsatz orientalischer Elemente kann Sie in den fernen Osten versetzen. Kissen mit Fransen, ein zersplitterter Spiegel als Tischplatte des Abstelltisches oder orientalische Laternen aus Metall, wie Messing, geben das gewünschte Flair und lassen Sie in eine andere Welt eintauchen. Dekorationsartikel, die mit den Lichteffekten spielen oder Licht brechen und anders erscheinen lassen, bezaubern die Sinne und schaffen eine außergewöhnliche Atmosphäre im Raum.

Nicht selten findet man in Räumen, die im Bohostil eingerichtet sind, adäquate Figuren oder Darstellungen von Tieren, die eine gewisse Bedeutung haben sollen. Vögel stellen beispielsweise die Freiheit und Unabhängigkeit dar.

Skandinavischer Stil

Der zurzeit wohl begehrteste Inneneinrichtungsstil ist der zeitlose skandinavische Stil, der im großen Einrichtungshaus Ikea allseits vertreten ist. Das Motto des skandinavischen Looks lautet: „Keep it simple". Wohnt man also skandinavisch, wohnt man sehr einfach und minimalistisch und daher auch sehr nachhaltig. Die Nachfrage nach nachhaltigen Produkten sowie das Leben fernab von Massenproduktion und Massenkonsum ist in den letzten Jahren immer weiter gestiegen. Vor allem die jüngeren Generationen sind von einer solchen Lebensweise immer mehr begeistert und folgen der Strömung der Nachhaltigkeit. Neben der Einfachheit des skandinavischen Einrichtungsstils überzeugt er auch durch seinen natürlichen Charakter.

Der Grund für die Farbauswahl ist sehr einfach zu erklären: Die Winter in Skandinavien sind sehr kalt, lang und dunkel. Darum versucht man, der Dunkelheit entgegenzuwirken, was sich durch den Einsatz klarer und heller Farben bewirken lässt. Die Farbe Weiß ist sehr stark vertreten und lässt sich in jedem skandinavisch eingerichteten Raum wiederfinden.

Zudem versucht man mithilfe der Architektur Sonnenstrahlen einzufangen und diese durch Verwendung heller Farben zu verstärken, damit das Licht den Raum möglichst heller werden lässt. Weitere Lichtquellen, wie Lampen und Kerzen, sorgen für ein harmonisches Flair und lassen den Raum erstrahlen.

Genau wie beim Boho- und Landhausstil wird die Liebe zur Natur durch natürliche Materialien und auch organische Formen unterstrichen. Neben strukturierten Mustern sind Motive aus der Natur, wie beispielsweise Bäume, Tiere oder auch Naturspektakel, sehr gern gesehen.

Der unkomplizierte, charmante und zeitlose Stil besticht außerdem durch Praktikabilität. Jedes Möbelstück erhält seine eigene Funktion und ist unabdingbar. Grelle Farben und unnötige Dekoration werden ausgelassen, was den Raum sehr clean und steril wirken lässt. Das Design ist gradlinig, also ohne jegliche Verschnörkelungen oder Verzierungen. Damit der Raum aber nicht zu kühl und lieblos wirkt, werden Stoffe eingesetzt, die für eine gewisse Gemütlichkeit sorgen. Das können zum Beispiel kuschelige Decken auf der Couch sein oder auch Felle, die den Boden zieren und die Füße mollig warm halten.

Mediterranes Wohnen

Sie möchten den Sommer das ganze Jahr über erleben können und präferieren ein Leben wie im Süden statt einem in Deutschland, möchten aber Ihr Zuhause und Ihre Familie nicht verlassen? Dann haben Sie die Möglichkeit, mediterranes Flair in Ihre eigenen Wände einzubringen, das Sie an einen Ort mit Sonne, gutem Essen und dem Duft von Lavendel versetzt.

Der Begriff mediterran ist an sich sehr breit gefächert und schließt alle Gebiete rund um das Mittelmeer mit ein. Wer also denkt, dass ein mediterraner Stil nur in Italien oder Frankreich zu finden ist, irrt sich. Er ist ebenfalls zum Beispiel in Spanien und der Türkei vertreten.

Denkt man an den mediterranen Stil, so verbindet man ihn zugleich mit der Lebenslust der Bewohner dieser Länder, die jeden Tag genießen und in vollen Zügen ausnutzen. Das südländische Flair verlockt zudem zur Entspannung und Erholung. Wenn Sie sich eine Zone der Entspannung selbst kreieren wollen, ist der mediterrane Stil wie für Sie gemacht. Nicht selten findet man ihn daher auch in thermalen Einrichtungen oder Saunen.

Neben der positiven Ausstrahlung des Mittelmeeres üben auch die Sonne und die Wärme einen vorteilhaften Einfluss auf das Lebensgefühl der Menschen aus. Gerade deshalb spiegeln sich diese drei Themen bei der Einrichtung eines mediterranen Raumes wider. Der roséfarbene Ton Terrakotta, der wie von der Sonne geküsst wirkt, ist in Wandfarbe, Dekoration oder Materialien oft zu finden. Erdtöne und eine breit gefächerte Palette von Gelb über Orange bis hin zu Braun sorgen für eine angenehm warme Ausstrahlung des Raumes. Wenn die Sonne durch ein Fenster scheint, werden das Licht und die Wärme durch diese Farben zusätzlich verstärkt und wirken positiv auf Stimmung und Geist. Neben den warmen Farben werden auch Lila, ein sattes Grün und Blau integriert. Während das Lila an die Felder voll Lavendel der Provence erinnern soll, erzeugt das Blau das Gefühl, sich am Meer zu befinden. Das Grün steht für die Olivenbäume, die ebenfalls durch Olivenholz aufgegriffen werden können.

Thematisiert werden sie somit nicht nur in der Farbe, sondern auch in den Möbeln und Gegenständen. Zudem findet man das satte Grün oftmals an Fensterläden oder Türrahmen, die ein absolutes Erkennungszeichen mediterranen Stils sind.

Wirft man einen Blick auf die Materialien, so wird schnell deutlich, dass die Farbe sich im Material erneut widerspiegelt. Geflochtene Accessoires und Möbel bestehen meist aus Rattan und Hyazinthenfasern. Möchte man aber einen Kontrast einsetzen, kann man anstelle von Holzboden Fliesen nehmen. Neben der starken Holzoptik durch Olivenholz, Pinien- und Walnussholz wird auch gern Stein, wie zum Beispiel Marmor, benutzt. Ebenfalls lassen sich im mediterranen Stil auch prachtvoll verzierte Metallmöbel finden.

Nun zur Dekoration. Wenn man den Stil erst einmal ausprobieren möchte, kann man ihn durch Überdecken und Kissen in warmen Farben andeuten. Somit kann man sich langsam herantasten und noch früh genug feststellen, wenn es einem doch nicht gut gefällt. Florale Motive wirken verspielt und zugleich romantisch. Mosaike sind ebenfalls sehr beliebt, sollten jedoch nicht zu sehr vom Rest des Raumes ablenken, sondern sich vielmehr in die Einheit des Ganzen integrieren. Sie finden sich in Wandbildern, Böden oder Tischplatten wieder. Wenn Sie eine Wand als sehr leer empfinden, können Sie Keramikteller an dieser befestigen. Sie werden die Blicke Ihres Besuches dorthin lenken.

Na, haben Sie schon Lust auf eine exotisch anmutende Oase und südländischen Touch in Ihrem eigenen Heim bekommen?

ORGANISATION UND MÖBELBESCHAFFUNG – RETRO IST IM TREND

Nun zur Auswahl Ihrer Möbelstücke. Je nach Präferenz ist es heute möglich, die Möbel entweder selbst in einem Kaufhaus auszusuchen und abzuholen oder sich alles online zu bestellen. Dazu gibt es etliche Anbieter und Verkaufseinrichtungen. Aber als Tipp: Der Gang auf einen Flohmarkt schadet nie, da es sich dort oftmals um Einzelstücke handelt, die zudem noch nicht einmal teuer sind.

Aber auch hier ist es eine Frage Ihres Stils, denn Designerstücke für eine moderne Einrichtung finden sich natürlich seltener auf Flohmärkten als alte Holzstücke für den Industrial- oder Landhauslook. Aber dennoch: Alte Stücke lassen sich durch Abschleifen, Ölen oder Streichen einfach und schnell restaurieren. Auf diese Weise vermeidet man hohe Kosten und besitzt gleichzeitig ein einmaliges Einzelstück. Und Retro ist im Trend! Der Industriallook lässt sich toll mit einer Kommode im Jugendstil kombinieren, ein schönes Landhaus wiederum besitzt abgenutzte Schränke. Haben Sie keine Angst vor abblätternder Farbe, vor Rost oder Kratzern. Diese lassen sich nicht nur einfach beheben, sie machen auch die Einzigartigkeit des Möbelstücks aus und dürfen gern bleiben. Eben ganz nach dem Motto: „Perfektion liegt in der Unvollkommenheit". Gerade die Kombination aus modernen Stilen und Ihren Lieblingsstücken vom Flohmarkt, der Oma oder Ihren Vorlieben machen eine besonders gute Einrichtung aus. Ja, Sie haben richtig gehört, wühlen Sie auf dem Speicher, sehen Sie sich in Ihrem alten Zimmer noch einmal um und denken Sie in kleinen Maßstäben: Wie würde die langweilige Kommode aussehen, wenn man dort noch eine Marmorplatte hinzufügen würde? Könnte man die alten Griffe nicht durch neue austauschen? Wieder einmal gilt: Heimwerker voran! Für die Umgestaltung und Aufwertung müssen Sie selbst ans Werk und etwas Kreativität einbringen.

In diesem Buch liegt zwar der Fokus auf der Ästhetik, doch auch auf die Funktionalität des Raumes wurde bereits hingewiesen. Ein Raum sollte vor allem von Nutzen sein. Behalten Sie dies bei der Wahl Ihres Interieurs unbedingt im Kopf: Was nützt ein Büro ohne ausreichend Stauraum für Büroartikel und was ist ein Kinderzimmer ohne genügend Schubladen für das Spielzeug? Wenn Sie nicht allein wohnen und weitere Familienmitglieder oder Freunde den von Ihnen umgestalteten Raum ebenfalls benutzen, so dürfen deren Meinungen und Bedürfnisse nicht außer Acht gelassen werden. Der Wohlfühleffekt wird nun mal nicht nur von der Schönheit, sondern auch von der Funktionalität geprägt. Einen Überblick kann man hier wieder durch das Anlegen von Listen schaffen. Diese helfen, die Ausgaben im Blick zu behalten und natürlich, nichts Unnützes zu kaufen. Vielleicht bieten sich aber auch eigene Möbel an? Vergewissern Sie sich, dass Sie alles haben, bevor Sie mit dem Einrichten beginnen, um den Aufwand zu minimieren und weitere Einkäufe oder unnützen Zeitaufwand zu umgehen.

Einzigartigkeit und Persönlichkeit

Eine kleine Geschichte am Rande: Vor ein paar Tagen erhielt ich einen Video-Anruf von einer Freundin. Völlig aufgelöst zeigte sie mir ihr neues Zimmer und war ganz enttäuscht: „Ich habe doch alles geplant. Aber es sieht überhaupt nicht schön aus!" In ihrem Zimmer sah ich leere Schränke, das Bett ohne Kissen und auf dem Schreibtisch befand sich nichts außer einer Lampe. Der kalte Fliesenboden starrte mich an, genau wie die leere Gardinenstange an den großen Fenstern. Sie wissen bereits, worauf ich hinauswill, doch ich möchte einmal etwas voranstellen. Planung ist sehr wichtig, aber versteifen Sie sich nicht zu sehr. Das mag widersprüchlich klingen nach all den Lehren, die auf den letzten Seiten bereits über die Planung vorausgegangen sind. Doch wenn Sie aufmerksam gelesen haben, dann sollte Ihnen bewusst sein: Bei allem geht es stets um das Gefühl für den Raum, ein Bewusstsein für die Kapazitäten. Dabei sollte Ihnen die konkrete Planung helfen, Sie dürfen sich nur nicht zu sehr darauf verlassen. Der Rat, den ich ihr kurz darauf gab, war natürlich, erst mal durchatmen - und dann Dekorieren was das Zeug hält!

Sie haben jetzt das Gröbste fertig. Für einen Hauch von Einzigartigkeit und Individualität können Sie nun Ihrer Kreativität freien Lauf lassen und tolle Akzente mithilfe der Dekoration setzen. Zusätzliche Lichtquellen durch Lampen, Lichterketten und Kerzen verleihen dem Raum beispielsweise eine gemütliche und ruhige Stimmung, während das Zusammenspiel mehrerer Stoffmuster und Farben eine ausgelassene Stimmung erzeugt. Das Aufhängen von Fotos der Familie, diverser Urlaube oder von Landschaften lassen den Besucher staunen und laden zum Erzählen von Erlebnissen ein. Es sollte jedoch darauf geachtet werden, dass ein harmonisches Bild entsteht und die Dekoration zum Rest des Raumes passt. Die Dekoration selbst sollte zudem nicht im Vordergrund stehen, sondern lediglich zur Ergänzung des Stils und der Einrichtung dienen. Die Hauptaufgabe von Dekoration liegt nämlich darin, einen Raum heimischer und persönlicher zu gestalten. Eine persönliche Note zeigt sich hauptsächlich in der Wahl der Dekorationselemente. Naturverbunde Menschen greifen häufig zu Naturelementen, wie Pflanzen, Ästen, Holzprodukten, Fellen und Ähnlichem. Eine ältere Frau mit einer großen Familie hingegen bevorzugt beispielsweise viele Familienfotos und Zeichnungen ihrer Enkel, die die Kommode oder die Wand zieren. In den eigenen vier Wänden von Liebhabern des Minimalismus findet man eher weniger Dekoration, da diese meist keinen direkten Nutzen besitzt. Musiker oder Künstler dekorieren wiederum mit Schallplatten oder imposanten Kunstwerken.

Sie sehen also, dass die Dekoration den Menschen selbst stark widerspiegelt. Also stellen Sie sich die Frage: Was ist typisch für mich? Was spiegelt meine Persönlichkeit wider? Und arbeiten Sie dann mit den Ergebnissen.

PFLANZEN UND BILDER

Ein besonderes Augenmerk ließe sich auf die wohl beliebtesten Dekorationen legen: Pflanzen und Bilder. Es empfiehlt sich wirklich, sich einige Pflanzen zuzulegen, selbst wenn Sie keinen grünen Daumen haben. Grünpflanzen und Gräser passen zu jeglicher Einrichtung und verleihen jedem Raum eine fröhliche, lebendige Atmosphäre. Dabei können Sie auf dem Boden eine große Pflanze, wie z.B. einen Gummibaum oder eine   Monstera, platzieren und auf Schränke oder in Regale kleinere Topfpflanzen stellen. Besonders Rankenpflanzen sehen großartig am Rand eines Regals oder in einer von der Decke herabhängenden Ampel aus. Eine andere Möglichkeit ist ein kleiner Garten im Eingangsbereich. Dafür brauchen Sie nur genügend Blumentöpfe. Sie können eigentlich nicht zu viele Pflanzen haben, also trauen Sie sich ruhig etwas. Falls Sie sich damit herausreden wollen, dass Sie jede Pflanze eingehen lassen, gibt es auch immer noch die pflegeleichten Kakteen oder Sukkulenten – um Pflanzen kommen Sie also nicht herum!

Bei der Dekoration mit Bildern ist es gänzlich anders. Man möchte behaupten, dass es wortwörtlich eine Kunst ist, die richtigen Bilder auszuwählen. Sie müssen zum Farbton des Zimmers passen, die richtige Größe und den richtigen Rahmen haben und sollen am besten gleichzeitig noch eine individuelle Aussage haben. Sofern Sie hier also nicht schon Bilder mitbringen oder ihnen der Aspekt der Aussage nebensächlich ist, sei hier Vorsicht geboten. Nehmen Sie sich Zeit und kaufen Sie nicht auf die Schnelle ein Bild, um Ihre leere Wand zu bedecken. Bilder können sehr intensiv auf die Atmosphäre des Raumes einwirken und diese zum Guten oder Schlechten beeinflussen. Also halten Sie die Augen auf, aber seien Sie unbesorgt, Ihr Lieblingsstück wird noch kommen. Umso mehr freut es Sie dann, ein mit Bedacht ausgewähltes Gemälde an der Wand in seinem Glanz erstrahlen zu lassen.

Ansonsten sind Bilderwände, Kombinationen aus wenigen Postern oder ganz einfach die Polaroid- und Postkartensammlung, minimalistisch an der Wand befestigt, immer besondere Hingucker. Dort können Sie sich im wahrsten Sinne des Wortes präsentieren und zeigen, wer Sie sind. Gleichzeitig fangen Sie unvergessliche Erinnerungen ein und hängen diese in Ihr Sichtfeld, damit Sie nicht erst Urlaubsgefühle bekommen, wenn Sie das Album aufschlagen, sondern an jedem einzelnen Tag. Bei Bilderwänden bietet es sich auch an, Bilder nicht nach der Aussage, sondern eher nach der farblichen Kompatibilität auszuwählen, was zudem deutlich einfacher ist. Aussagegehalt können Sie dann noch z.B. durch einen eingerahmten Spruch hinzufügen.

DIY - DO IT YOURSELF (MACH ES SELBST)

Man kann Dekorationen oder Möbel aber auch sehr gut selbst machen: Mach es selbst – das heißt nicht nur basteln. Es beginnt bei den einfachsten Sachen: Sehen Sie sich in Ihrer Umgebung um! Fangen Sie wieder an, wie ein Kind zu denken und erfassen Sie alles, was Sie sehen, wie Ihr ganz eigenes Spielzeug. Trocknen Sie Blätter im Herbst und legen diese als Dekoration auf den Küchentisch. Oder sammeln Sie andere Naturmaterialien und dekorieren diese in

Kombination mit modernen Elementen. Besonders im Trend sind z.B. gerade Glasglocken, unter denen Sie eine eigene kleine Welt entstehen lassen oder ein Stillleben einfangen können. Wenn sie kein Freund von Naturmaterialien sind, waschen Sie eine schöne Whiskyflasche aus und stecken dort eine Kerze hinein. Sie erhalten auf diese Weise eine tolle Vintage-Dekoration. Es gibt unzählig viele Anleitungen, wie man aus Alltagsgegenständen einfache Dekorationen erstellen kann. Die besten Unikate entstehen allerdings immer noch aus eigenen Ideen. Keine Angst, Inspiration wartet überall auf Sie!

Nun lassen sich Dekorationen aber auch durch echte Bastelarbeiten gewinnen. Wir zeigen Ihnen einige Tricks und DIY-Tipps, bei denen man immer noch schnell und einfach etwas herstellen kann.

Schmuckaufbewahrung DIY
Jede Frau kennt das nervige Entwirren des Schmucks, aber mit diesem simplen DIY-Tipp ist die Lösung greifbar nah.

Dazu benötigt man bloß einen Kleiderbügel (am besten aus dünnem Metall) und seinen Schmuck bestehend aus Ketten, Arm- und Fußkettchen und

Kreolen. Der Schmuck lässt sich einfach auf den Kleiderbügel aufreihen. Dabei ist die Devise: Weniger ist mehr. Nachdem Sie nun Ihre Schmuckstücke aufgereiht haben, können Sie einen geeigneten Ort für den Bügel finden. Gut macht er sich zum Beispiel an einem Spiegel, neben der Kleiderstange oder an einer leeren Wand.

Schlüsselaufbewahrung DIY

Oft legt man den Schlüssel an einen Ort und kurz darauf weiß man nicht mehr, wo der Ort war. Um den Schlüssel nicht jeden Tag suchen zu müssen, eignet sich folgende Dekorationsidee: die Bilderleiste.

Es bietet sich an, im Eingangsbereich eine Wand mit ein paar Fotos zu zieren. Diese kann man nicht nur aufhängen, sondern auch auf eine Bilderleiste stellen. Durch das Anbringen von Haken am unteren Ende der Leiste, lässt sich diese einfach und schnell zu einer Schlüsselaufbewahrung umfunktionieren.

Trockenblumen DIY

Der Sommer - der kommt wieder, der Sommer kommt ins Land. Doch schon nach wenigen Monaten ist die Blütezeit des Jahres vorbei und kalte, triste

Monate folgen. In diesen Jahreszeiten sehnt man sich nicht selten nach ein wenig Wärme, Sonnenschein und gutem Wetter. Damit Sie den Sommer aber nicht nur zwischen Juni und September erleben und genießen können, bietet sich das Trocknen von Blumen an, die Sie auch den Rest des Jahres bewundern können. Das Trocknen und Dekorieren mit alten Blumen liegt derzeit stark im Trend und lässt sich mit wirklich jedem Stil gut vereinen.

In den Monaten des Sommers lädt es dazu ein, einen kleinen Spaziergang über die Felder und Wiesen zu machen und die Natur, die nur so vor Blüte und Leben strotzt, zu bewundern. Nehmen Sie doch das nächste Mal einfach eine Schere mit und schneiden ein paar Blumen am Wegesrand ab. Zuhause angekommen, können Sie diese kopfüber, an einer Schnur befestigt, herunterhängen lassen. Auf diese Weise wird das unschöne Herunterhängen der Blütenblätter nach einiger Zeit vermieden. Wenn Sie die Blumen aber gepresst haben möchten, können Sie diese in ein Buch legen. Nach etwa zwei bis vier Wochen sind die Blumen zur Dekoration bereit.

Eine Möglichkeit ist es, die gepressten Blumen,

anstelle eines Fotos, in einen Bilderrahmen zu legen und aufzuhängen. Diese feine Dekoration ist ein toller Hingucker und kann Ihre Wand, Ihr Regal oder Ihre Fensterbank zieren.

Eine andere Möglichkeit ist das Aufstellen der Blumen. Dazu benötigt man nur ein kleines Holzbrett, in das man dann Löcher bohrt. Diese Löcher sollten gerade so groß sein, dass die Blumen darin stehen können. Dieses kann dann zum Beispiel Ihrem Schreibtisch ein wenig Leben einhauchen. Wenn Sie dann lange im Homeoffice sitzen, erfreut Sie ein Hauch von Sommer an Ihrem Arbeitsplatz.

Die simpelste Variante ist das Aufstellen der Blumen in einer Vase, doch auch das kann den Raum zum Strahlen bringen und sind wir doch mal ehrlich: Wer kann schon sagen, dass man einen Blumenstrauß besitzt, der nie verwelken wird und trotzdem selbst gepflückt ist?

Traumfänger und Makramee DIY

Diese Boho-DIY-Teile lassen sich mithilfe von einfachen Utensilien herstellen und bringen ein verträumtes und verspieltes Flair in Ihre vier Wände.

Ein Traumfänger soll, wie das Wort selbst schon

verrät, Träume auffangen beziehungsweise schlechte Träume ausfiltern und nur gute durchlassen. Daher ist der Platz eines Traumfängers natürlich direkt über dem Bett.

Man benötigt einen Metall- oder Holzring von mindestens 5 Zentimetern Durchmesser. Mit Garn oder Wolle wickelt man nun rings um den Ring entlang. Wenn man möchte, kann man auch Lücken lassen. Den Anfang und das Ende der Schnur verknotet man miteinander, um den Traumfänger daran aufhängen zu können. Nun legt man das Spitzendeckchen in die Mitte des Kreises und vernäht es an dem Ring. Dabei sollte auf eine gewisse Symmetrie geachtet werden, damit das Ganze nicht letztendlich wirr und ungewollt erscheint. Im Weiteren beschäftigt man sich mit dem unteren Teil des Traumfängers. Schnüre und Spitzenborte können hier an den Ring geknotet werden. Und fertig ist der Traumfänger. Süße Träume!

Für das Makramee benötigt man bloß eine Schnur, Spitzenborte und einen Ast.

Den Ast umwickelt man mit der Schnur, bis er vollkommen bedeckt ist. Anschließend werden die Spitzenborte und die Schnur an dem Ast gehängt und in einer beliebigen Form abgeschnitten. Typisch ist hierbei eine dreieckige Form. Wenn man schon ein wenig mehr Übung in Knotenkunde hat, kann man sich auch einige Makramee-Knotenkünste aneignen und das Ganze sehr kreativ gestalten.

Palettenbett DIY

Eine preiswerte Alternative, neben den überteuerten Boxspringbetten, die man heutzutage überall findet, ist ein Bett, bestehend aus nur ein paar Europaletten. Klar, um die Anschaffung einer Matratze werden Sie nicht drum herum kommen, aber dennoch können Sie mit dieser einfachen und fixen Methode die Kosten für ein Lattenrost und ein Bettgestell umgehen.

Paletten kann man einfach und mit wenig Geld kaufen. Dazu reicht eine Fahrt zum nächsten Baumarkt oder Sie fragen mal in einem nahe gelegenen Industriegelände nach, ob Europaletten übrig sind. Ein weiterer Vorteil ist die Individualität dieses Möbelstücks. Mit Farbe lässt es sich beliebig gestalten und auch die Maße sind natürlich anpassungsfähig.

Aber jetzt mal los! Neben den Paletten brauchen Sie noch eine Säge, um die Stücke so zuzuschneiden, dass es passt. Außerdem benötigen Sie drei Leisten, Flacheisen, einen Akkuschrauber und Schrauben.

Als Erstes startet man mit dem Kopfteil des neuen Bettes. Dafür schiebt man zwei der Paletten aneinander und verbindet sie mithilfe der Flacheisen, die dafür sorgen, dass die Paletten sich nicht verschieben. Wenn Sie sichergehen wollen, dass es lange hält, können Sie auch mehrere Flacheisen für diesen Schritt gebrauchen. Mit den Schrauben befestigt man dann die Flacheisen an den beiden Paletten und stellt das Kopfbett nun hochkant an eine Wand. Weiter geht's nun mit der Liegefläche. Hierfür benötigt man den Rest der Paletten und ordnet sie so an, dass in der Mitte noch ein Loch, in Form eines kleine Vierecks, zu sehen ist. Umrahmt wird das Ganze dann mit den drei Leisten. Diese legt man ringsum an die Kanten, also an die rechte, linke und untere Bettkante. Die obere lässt man aus, da an ihr im letzten Schritt das Kopfteil angebracht wird. Alle vier Paletten, die die Liegefläche bilden, werden ebenfalls mit den Flacheisen verbunden und stabilisiert. Die drei Leisten werden fixiert. Im letzten Schritt wird das Kopfteil ganz einfach nur noch mit der Liegefläche verbunden und aneinander befestigt. Und fertig ist das Palettenbettgestell und der Palettenlattenrost. Die Matratze wird nur noch obendrauf gelegt.

Um das Bett noch ein wenig aufzupeppen, kann man eine Lichterkette unter das Palettenbett legen und eine weitere am Kopfende befestigen. Kleine Pflanzen lassen sich perfekt in das Kopfteil hineinstellen, was dem Ganzen ein wenig Frische verleiht.

Und jetzt Licht aus und gute Nacht!

Palettencouch DIY

Genau wie bei dem Palettenbett ist die Palettencouch bezüglich Farbe und Größe individuell gestaltungsfähig. Für jede Sitzeinheit lassen sich die Schritte einfach erneut wiederholen. Grob kann man aber mit ungefähr neun Paletten rechnen. Die Utensilien sind dieselben wie beim Palettenbett: Akkuschrauber, Schrauben und Flacheisen.

Mithilfe der Flacheisen verbinden Sie im ersten Schritt die Paletten miteinander. Ebenso müssen die in der nächsten Etage, also die Paletten, die man auf die unteren stellt, befestigt werden. Zudem müssen beide Etagen miteinander fixiert werden, damit die obere nicht von der unteren fallen kann. Dafür braucht man aber nur Schrauben. Als Matratzen bieten sich beispielsweise Kaltschaummatratzen an, die man noch zuschneiden muss. Mit einem Stoff werden dann die verschiedenen Matratzen umnäht. Als kleiner Tipp: Zwischen den Matratzen und den Paletten dienen sogenannte Matratzenschoner zum Schutz vor einer zu starken Abnutzung des Matratzenbezuges.

Nach Belieben kann man dazu noch eine Rückenlehne, wie beim Palettenbett DIY, anfertigen. Unbedingt nötig ist dies aber nicht, denn die Bequemlichkeit wird durch viele Kissen und Decken garantiert.

Gemüsebeet DIY

Sie wollen Ihr eigenes Gemüse anbauen, um somit garantieren zu können, dass es aus örtlichem Anbau ist? Funktionieren Sie doch ganz einfach Ihre Fensterbank zu einem Gemüsebeet um. Radieschen eignen sich hervorragend für den Eigenanbau und sind sehr pflegeleicht. Stellen Sie einfach nur einen Blumentopf mit Erde auf die Fensterbank und säen Sie die Samen. Nach regelmäßigem Gießen und mit einer Prise Geduld werden Sie nach einiger Zeit erste

Resultate erzielen. Wahlweise können Sie aber auch diverse Kräuter säen. Pflanzen Sie Ihren eigenen Kräuter- und Gemüsevorrat auf Ihrer Fensterbank an und kochen Sie mit Lebensmitteln aus eigenem Anbau.

Wohnpsychologie

Zwar ist jeder von uns durchaus mehr als die Summe seiner Einrichtung, doch jedes noch so kleine Detail kann, laut Experten, Auskunft über den Charakter und Einblicke in die Psyche des Hausherren geben.

Was Jazzplatten, Bilder von Verwandten oder Wandfarben über Sie aussagen? Jazzliebhaber sind laut Forschungen Menschen, die Begeisterung in der Fremde finden. Sie sind offen für andere Kulturen, Traditionen und Menschen. Wenn Ihre Räume gefüllt mit Bildern von Ihren Liebsten sind, sagt das über Sie aus, dass Sie eine sehr extrovertierte

Persönlichkeit haben und sehr familienbewusst sind. Die Nähe Ihrer Familie verleiht Ihnen Stärke und gibt Ihnen ein Gefühl von Unterstützung. Ist Ihre Wand in grünen oder blauen Tönen gestrichen, streben Sie stets nach Erholung, Ruhe und Ausgeglichenheit. Zitrustöne wiederum stehen für einen starken Optimismus und Brauntöne sind ein Indiz dafür, dass man nach Harmonie und Sicherheit strebt.

Ständiges Ausmisten und Umstrukturieren von Räumen kann auf eine innere Unruhe hindeuten. Aber auch Lebensumbrüche, wie einer Trennung, ein neuer Job oder der Tod eines Angehörigen, können den Wunsch nach Veränderung auslösen. Dies ist, durch ein paar Veränderungen im eigenen Heim, schnell getan.

In dem Interieur von gebildeten Menschen, wie Professoren, Lehrern oder Anwälten, findet man vermutlich neben einer Reihe von Büchern, auch Kunstwerke. Dies weist auf den Wunsch nach mehr Bildung und Anerkennung hin.

Liebhaber des Minimalismus leben ohne jeglichen Schnickschnack, also auch ohne persönliche Gegenstände, denn sie empfinden eine

Vielzahl an sensorischen Reizen als unnötig oder gar störend. Es ist aber auch anzunehmen, dass sie ihr Zuhause nicht als Spiegel ihrer Persönlichkeit ansehen, sondern bloß als eine Art Abstellmöglichkeit.

Ziert Ihre Wohnung eine Vielzahl an Bildern von Freunden, Bekannten oder Familienangehörigen, zeugt dies von einer extrovertierten Persönlichkeit. Diese Art von Menschen genießen nämlich die Anwesenheit anderer und sorgen für eine gesellige Atmosphäre, bloß durch das Aufhängen solcher Fotos.

Sie sehen also, dass Ihre Einrichtung, Ihr ganz persönliches Heim, viel über Sie aussagt. Daher ist alles, angefangen mit der Raumkonzeption bis hin zur Dekoration und individuellen DIYs, von großer Wichtigkeit. Ein Raum sagt aber nicht nur viel über Ihre Persönlichkeit, sondern auch über Ihre Sehnsüchte und Wünsche aus. Wer wollen Sie sein? Wo wollen Sie sich gerade befinden? Zieht es Sie mehr in die Großstadt oder in die Berge? Wenn Sie schon viele tolle Urlaube in der Provence verbracht haben, werden Sie wahrscheinlich viel eher zu dem rustikalen, mediterranen Einrichtungsstil tendieren als zum Industrialstyle. Wenn Sie Ihre Kindheit auf dem Land verbracht haben und dort aufgewachsen sind, fühlen Sie sich vermutlich in einem Haus, das im Landhausstil eingerichtet ist, wohler als in einem modern eingerichtetem Haus.

Die Anzahl und Auswahl Ihrer Dekorationsstücke lassen ebenso in Ihr Inneres blicken. Eine sehr einheitliche Ordnung gibt Aufschluss darüber, ob Sie Ordnung und Einheit gegenüber gut gesinnt sind. Verschiedene Stoffmuster und Farben zeigen Ihre verspielte und kindliche Seite, der Sie mit Ihrer Dekoration freien Lauf lassen. Haben Sie einige DIYs in Ihrem Heim untergebracht, deutet das auf Kreativität und Spaß an Herausforderungen hin.

Die Aufteilung, die Einrichtung und die Dekoration kann aber auch bewusst eingesetzt werden, um ein erwünschtes Ziel zu erreichen. Möchten Sie in Ihrem Bad eine Wohlfühloase erschaffen, sollten Sie sich bewusst auf die Farbe Blau beschränken und einen Stil aussuchen, der Sie in einen Ort eintauchen lässt, an dem Sie Ihren Sorgen und dem Alltagsstress entfliehen können. Der Ess- sowie der Wohnbereich sollten ebenfalls zum Wohlfühlen und Verweilen verleiten. Jedoch sollte nicht nur primär Ihnen selbst dieser Bereich gefallen, sondern auch Ihren Gästen etwas bieten. Mit den bereits vorgestellten Tricks und Möglichkeiten können Sie Ihre Ideen ganz einfach in die Tat umsetzen und ein Zuhause erschaffen, in dem sich wirklich jeder wohlfühlen kann. Egal, ob kuschelig, lichtdurchflutet, minimalistisch oder modern. Die Hauptsache ist doch schön, oder? Doch nicht nur über Sie allein gibt Ihre Inneneinrichtung Auskunft, sondern ebenso über Ihre Mitbewohner, Ihren Mann, Ihre Frau, Ihre Kinder oder Tiere.

Wählen Sie also alles mit Bedacht und lassen Sie Ihren Ideen freien Lauf. Ihren Möglichkeiten und Ihrer Kreativität sind keinerlei Grenzen gesetzt und diese verdienen es, ausgelebt zu werden.

Also machen Sie sich ran an die Arbeit und kreieren sich, Ihren Liebsten und Ihren Besuchern ein Zuhause, in dem man wunderschöne Erlebnisse und Erinnerungen sammeln und teilen kann. Fühlen Sie sich wohl, lassen Sie sich gehen und vor allem bleiben Sie sich selbst treu.

Viel Spaß!

Herstellung und Verlag:

BoD – Books on Demand, Norderstedt

ISBN: 9783752603002

Kontakt: Psiana eCom UG/ Berumer Str. 44/ 26844 Jemgum

Covergestaltung: Fenna Larsson

Coverfoto: depositphotos.com